JN170783

日蓮正宗布教叢書3

『正しい宗教と信仰』 分冊版⑥

日蓮正宗の信仰は なぜ利益《りやく》があるのか

日蓮正宗の信仰はなぜ利益があるのか

1　宗教に正教と邪教《じゃきょう》があることがわからない

なぜ人は信仰し、宗教を求めるのかと問うとき、ある人は神仏に守ってほしい、ある人は願いをかなえてほしいといい、またある人は先祖の冥福《めいふく》を祈りたいなどと様々な答えがかえってくると思います。

現在日本だけでも何十万という数の宗教がありますが、そのなかには、合格祈願《ごうかくきがん》のための神社をはじめ、水子供養専門《みずごくようせんもん》の寺院とか、虫封《むしふう》じの神社があるかと思えば〝とげ抜《ぬ》き地蔵〟なるものまで、多種多様《たしゅたよう》の宗教があります。

また信仰する対象《たいしょう》も、同じキリスト教でも十字架《じゅうじか》を拝《おが》むものや聖書《せいしょ》、マリア像、キリスト像を拝むものなど様々ですし、仏教でも釈尊像《しゃくそんぞう》を拝むものや、大日如来《だいにちにょらい》、阿弥陀如来《あみだにょらい》、薬師如来《やくしにょらい》などの仏や、観音《かんのん》、弥勒《みろく》などの菩薩《ぼさつ》、あるいは大黒天《だいこくてん》、弁財《べんざい》天《てん》などの天界の神を祭るものなど、宗派によって多岐《たき》にわかれています。

もし宗教が単《たん》に気休めや精神修養《せいしんしゅうよう》のための手段《しゅだん》ならば、それはちょうど音楽の好《す》きな人が名曲を聞き、読書家が名作を読んで心をなごませることと同じでしょう。またそれならば、どの宗教によって、どのようなものを拝んでも、その人その人の好《この》みによればよいということになるかもしれません。

でも少し考えてみてください。私たちが生活する上で、無関係なものや無縁《むえん》のものからは生活に直接の影響《えいきょう》を受けませんが、身近なものや信用したものは、その善悪《ぜんあく》、真偽《しんぎ》、正邪によって大きな影響を受けることになり、それが人生の指針《ししん》にかかわるものや、人命に関するものであれば、なおさら大きな力として影響を受けることになります。

たとえば、進学や就職《しゅうしょく》、結婚などはだれでも慎重《しんちょう》に選択《せんたく》するでしょうし、日常生活でも乗り物や食べ物あるいは医薬品《いやくひん》などは、より信用できるものを選ぶものです。その選択の基準《きじゅん》として、自分の経験《けいけん》や道理《どうり》の適否《てきひ》、実験《じっけん》の結果、保証《ほしょう》の有無《うむ》、他者の評価《ひょうか》などを考慮《こうりょ》した上で、できるかぎり、高い価値《かち》を生ずるもの、すなわち満足《まんぞく》できるものを選ぶのではないでしょうか。

これと同じように、宗教もそれぞれ本尊が異《こと》なり、教義も様々ですが、日蓮大聖人は、

「小乗経《しょうじょうきょう》・大乗経《だいじょうきょう》並びに法華経は、文字はありとも衆生《しゅじょう》の病《やまい》の薬とはなるべからず。所謂《いわゆる》病は重し薬はあさし。其《そ》の時上行《じょうぎょう》菩薩《ぼさつ》出現して妙法蓮華経の五字を一閻浮提《いちえんぶだい》の一切衆生《いっさいしゅじょう》にさづくべし」(高橋入道殿御返事・御書八八七ジー)

と仰《おお》せのように、三毒強盛《さんどくごうじょう》の末法《まっぽう》の衆生には、真実の教えである妙法蓮華経の大良薬を与えるべきことを教示《きょうじ》されています。

釈尊も法華経において、

「唯一乗《ただいちじょう》の法《ほう》のみ有り　二無《にな》く亦三無《またさんな》し」（方便品第二・法華経一一〇ジペー）

と説かれ、仏になる道は、ただ法華経以外にないことを明かされています。

いい換えると、この経文は一乗の法すなわち法華経以外の教えは、真実の教法ではないとの意味です。

このように、宗教には正邪の区別があることを知らなければなりません。

2 宗教を判定《はんてい》する場合の基準《きじゅん》には、どのようなものがあるのか

正しい宗教の条件《じょうけん》としては、まず人間の世界を離《はな》れた架空《かくう》の世界を基盤《きばん》とした宗教ではなく、人間のための宗教であり、人間がよりよく、幸せに生きるための宗教であることが大事です。そのためには、正しい生命観《せいめいかん》に基《もと》づき、正しい道理《どうり》を具《そな》え、全人類を救済《きゅうさい》する現実の力を持った宗教であることが大切です。

ではどのような方法で宗教を判定したらよいのでしょう。

日蓮大聖人は、次のような基準をもって宗教の正邪を判定することを教えられています。

1　三証《さんしょう》

文証《もんしょう》、理証《りしょう》、現証《げんしょう》のことをいいます。文証とは、経論《きょうろん》などによる証拠《しょうこ》であり、教えが独断《どくだん》ではなく、仏の説いたお経によっても裏づけられるかどうかを確《たし》かめることです。

理証とは、教えが因果《いんが》の道理にかなっているかどうかを確かめることです。

現証とは、その教えが単に理論のみの観念《かんねん》ではなく、現実の人間の生活の上にどのように証明されるかを確かめることです。

2　五義《ごぎ》

教《きょう》・機《き》・時《じ》・国《こく》・教法流布《きょうぼうるふ》の前後の五つを知ることをいい、宗教の五綱《ごこう》ともいいます。仏法を広めるに当たっての規範《きはん》であり、この観点《かんてん》に基《もと》づいて正しい宗教を選択《せんたく》することです。「教を知る」とは、仏菩薩《ぶつぼさつ》の説いた経律論《きょうりつろん》や、あらゆる思想哲学宗教の勝劣《しょうれつ》・浅深《せんじん》を見究《みきわ》めることです。「機を知る」の機とは衆生《しゅじょう》の機根《きこん》であり、教えを受け入れることのできる状態にあるかどうかを見定《みさだ》めることです。「時を知る」

とは、広まる教えに相応《そうおう》した時代であるかどうかを知ることです。「国を知る」とは、それぞれの国が、どのような教えに縁《えん》のある国かを知ることです。「教法流布の前後を知る」とは、先に広まった教えを知って、次に広まるべき教えを知るということです。

この五義のうちの、教の勝劣・浅深を判定する基準として、五重相対《ごじゅうそうたい》、五重三《ごじゅうさん》段《だん》、四重興廃《しじゅうこうはい》、四重浅深《しじゅうせんじん》、三重秘伝《さんじゅうひでん》などがあります。このなかのおもなものを簡単に説明しますと、

「五重相対」とは、内外《ないげ》相対・大小《だいしょう》相対・権実《ごんじつ》相対・本迹《ほんじゃく》相対・種脱《しゅだつ》相対の五重であり、仏教以外のすべての教えと仏教との比較検討《ひかくけんとう》から始まり、小乗教《しょうじょうきょう》より大乗教《だいじょうきょう》、権《ごん》大乗教より実《じつ》大乗教、法華経迹門《しゃくもん》より本門、文上脱益《もんじょうだっちゃく》より文底《もんてい》下種《げしゅ》と、次第に高度な教えを選択《せんたく》していく方法です。

「四重興廃」とは、釈尊の教えを、爾前《にぜん》経、法華経迹門、法華経本門、観心《かんじん》と

従浅至深《じゅうせんしじん》して勝劣興廃《しょうれつこうはい》を判じることです。

これらの基準に基《もと》づいて様々な角度《かくど》から判定を重ねるとき、初めて唯一《ゆいいつ》最高の正法を選定《せんてい》することができるのです。

3　どの宗教が正しいのか自分で確かめてみたい

現在、日本における宗教法人《しゅうきょうほうじん》は十八万以上あり、法人格を持たない宗教団体を含《ふく》めると二十二万余もあるといわれています（宗教年鑑　平成十八年版）。

これほど多くの宗教について、実際《じっさい》に自分の目で善悪《ぜんあく》を確《たし》かめたいといってもそれは不可能《ふかのう》なことです。

またそのなかで仏法の教えは特に難信難解《なんしんなんげ》であり、体験《たいけん》の世界でもありますから、私たちがただ頭で宗教の正邪を理解《りかい》しようとしても、十年、二十年、または一生涯《いっしょうがい》を費《つい》やしてもできることではありません。結局《けっきょく》はどの宗教が正しいのかもわからず、信仰の道に入ることもできないでしょう。

たとえば川を渡ろうとする人が橋の手前で、この橋はいつ、だれが作ったのか、材料は何か、今までこわれたことはないか、などと詮索《せんさく》し続けて、結局、向こう岸に行きつくことができなかったという話があるように、すべてのものごとに対して、理解し納得《なっとく》しなければ信用しないという人は、一日たりとも生活できなくなるでしょう。

時には批判《ひはん》し、詮索《せんさく》することも必要ですが、元来《がんらい》、仏教に限《かぎ》らず、すべての宗教は信ずることから始まります。

法華経には、

「信《しん》を以《もっ》て入《い》ることを得たり」（譬喩品第三・法華経一七五ジペー）

とあり、日蓮大聖人は、

「仏法の根本は信を以て源《みなもと》とす」（日女御前御返事・御書一三八八ジペー）

と教示されています。

また大聖人は、

「有解無信《うげむしん》とて法門をば解《さと》りて信心なき者は更《さら》に成仏《じょうぶつ》すべからず。有信無解《うしんむげ》とて解《げ》はなくとも信心あるものは成仏すべし」（新池御書・御書一四六一㌻）

と説かれて、たとえ仏法の教義を理解できる人であっても、信ずる心のない人を救うことはできないと教示され、さらに、

「法華本門の観心《かんじん》の意《い》を以て一代聖教《いちだいしょうぎょう》を按《あん》ずるに菴羅果《あんらか》を取って掌中《しょうちゅう》に捧《ささ》ぐるが如し」（十法界事・御書一七六㌻）

と仰《おお》せられ、真実の仏法を信ずるとき、一切の宗教の浅深《せんじん》は、あたかもたなごころを見るように明らかになるのであると説かれています。

正しい御本尊を信受《しんじゅ》し修行《しゅぎょう》することによって、あなたの真実を求め、見極める力は、より正しく発揮《はっき》され、人生に大きく役立っていくことでしょう。

4　なぜ他の宗教を捨てなければならないのか

釈尊は、一代経の究極《きゅうきょく》である法華経に、

「正直《しょうじき》に方便《ほうべん》を捨《す》てて　但《ただ》無上道《むじょうどう》を説く」（方便品第二・法華経一二四ページ）

と仰《おお》せられるように、今まで説いてきた方便の教えを捨てて、無上の教えである法華経を唯一最高のものとして説かれました。そしてさらに、

「余経の一偈《いちげ》をも受けざる有《あ》らん」（譬喩品第三・法華経一八三ページ）

と戒《いまし》めています。

末法においては御本仏日蓮大聖人が建立《こんりゅう》された南無妙法蓮華経の仏法こそ、文《もん》底本因妙《ていほんにんみょう》の法華経といって究極中の究極であり、すべての仏菩薩《ぶつぼさつ》をはじめ全世界の

民衆《みんしゅう》を根本から成仏させる無上最高の真実法《しんじつほう》なのです。

したがって真実の一法以外はすべて方便の教えであり、これを権教《ごんぎょう》ともいいます。権《ごん》とは〝かり〟の意で、権教とは実教《じっきょう》に対する言葉です。

人がもし〝かり〟の教えを真実のものと信じ込んで、そのとおりに実行したならばどうでしょうか。月収《げっしゅう》が来月から十倍になるという仮定《かてい》の話をまともに受けて浪費《ろうひ》をしたら家計《かけい》はどうなるでしょう。権教を信ずる人は、現実と遊離《ゆうり》した架空《かくう》・仮定の人生を歩《あゆ》むことになるのです。

さらに日蓮大聖人は、

「『了義経《りょうぎきょう》に依《よ》って不了義経《ふりょうぎきょう》に依らざれ』と定《さだ》めて、経の中にも了義・不了義経を糾明《きゅうめい》して信受《しんじゅ》すべき」（開目抄・御書五五八㌻）

と教えられています。了義経とは完全無欠《かんぜんむけつ》な教えであり、不了義経とは不完全な教えのことで、日蓮正宗以外の宗旨《しゅうし》、宗派《しゅうは》はすべて不了義経に当たります。

どの宗教も一見、もっともらしいことを説きますが、要するにうわべの言葉よりも、いかなる経をよりどころとしているのか、教理《きょうり》が完全なものであるか、という点がもっとも大事なのです。一部分にありがたいことが説かれているからといっても、教理が不完全な宗教は、たとえば外見《がいけん》も設備《せつび》も立派であるが、エンジンの調子がよくない飛行機のようなものです。このような飛行機に「よいところもあるのだから」といって、あなたは乗ることができるでしょうか。

また、正しい教え以外の宗教を「覆相教《ふそうきょう》」といいます。これは真実の教えを覆《おお》いかくす教えという意味で、不完全な宗教は正しい仏法を覆いかくし、迷わせる働きをするゆえに、これを除《のぞ》かなければならないのです。

ここを大聖人は、

「今の時は権教即実教の敵《かたき》と成《な》る」（如説修行抄・御書六七二ページ）

と仰せられています。

人々を救おうとする仏の真実の教えに敵対《てきたい》する不完全な宗教は、人間を生命の奥深いところから迷わせ苦しめるものですから、これを悪法《あくほう》とも苦の因《いん》ともいうのです。

大聖人は、

「悪法世《よ》に弘《ひろ》まりて、人悪道《あくどう》に堕《お》ち、国土滅《めっ》すべし」

（頼基陳状・御書一一二九ページ）

と説かれ、悪業《あくごう》による果報《かほう》として、

① 周囲《しゅうい》の人々から軽蔑《けいべつ》される
② みにくい姿に生まれる
③ 粗末《そまつ》な衣服《いふく》や食《た》べ物《もの》しか得《え》られない
④ 財産《ざいさん》を求めて努力しても得られない
⑤ 貧《まず》しく下賤《げせん》の家や邪見の家に生まれる

⑥　不慮《ふりょ》の災難《さいなん》や事故に遭《あ》う

⑦　人間としての苦しみを常に味わう

と教えられています。

このように日蓮正宗以外の宗教は、人間を苦悩《くのう》の底につき落《お》とす悪法であり、仏の真意《しんい》に背《そむ》く仮《か》りのものであり、人々をたぶらかす不了義経なのです。まさに薬に似《に》た毒薬《どくやく》というべきでしょう。

釈尊は、

「但虚妄《ただこもう》を離《はな》るるを　名《な》づけて解脱《げだつ》と為《な》す」（譬喩品第三・法華経一七三ページ）

と説いています。真実の幸福は、虚妄の教えを捨てて正法に帰依《きえ》することによって得《え》られるのです。

5　なぜ日蓮正宗と他の宗教を一緒に信仰してはいけないのか

信仰は、もっとも勝《すぐ》れた宗教を選び、誠実《せいじつ》で清らかな信心を貫《つらぬ》くことが大切です。

たとえば一本の牛乳に、一滴《いってき》の毒を混《ま》ぜたならば、いかに養分《ようぶん》があるからといっても、あなたはその牛乳を飲むことはできないでしょう。

これと同じように、正しい宗教と邪《よこし》まな宗教を混同《こんどう》して修行することは、せっかくの正しい信仰の功徳《くどく》を消し、かえって苦しみを受ける結果になるのです。

釈尊は「四十余年未顕真実《しじゅうよねんみけんしんじつ》」と説いて、最後の八カ年に説かれた法華経以前の経々《きょうぎょう》はすべて権教《ごんぎょう》（仮《か》りの教え）であるから用《もち》いてはならないことを明かされています。

ところが真言宗《しんごんしゅう》、念仏宗《ねんぶつしゅう》をはじめ、他のほとんどの宗派《しゅうは》はこの四十余年間の経に依《よ》っているのですから、これらの教えを法華経の真実の教えに混《ま》じえてはならないのです。

それは良薬に毒を入れ、すべてを毒薬《どくやく》にしてしまうようなものだからです。

日蓮大聖人はこのことを、

「法華経を行ずる人の、一口《ひとくち》は南無妙法蓮華経、一口は南無阿弥陀仏《なむあみだぶつ》なんど申すは、飯《はん》に糞《ふん》を雑《まじ》へ沙石《いさご》を入れたるが如し」（秋元御書・御書一四四七ジペー）

と戒《いまし》められています。

大聖人の教えは、末法《まっぽう》のすべての人々を成仏《じょうぶつ》に導《みちび》く唯一《ゆいいつ》の大法です。

この大法を信じながら他の宗教を混じえることは、同じように成仏の道を閉《と》ざすことになります。

また大聖人が、

「何《いか》に法華経を信じ給《たま》ふとも、謗法《ほうぼう》あらば必ず地獄《じごく》にをつ《堕》べし。うるし《漆》千ばい《杯》に蟹《かに》の足一つ入《い》れたらんが如し」（曽谷殿御返事・御書一〇四〇ページ）

と説かれているように、いかに正法を持《たも》っても、ほんの少しでも法に背《そむ》くことがあれば、あたかも千杯の漆《うるし》に一本の蟹の足を入れて、漆の効用《こうよう》をなくしてしまうようなものであり、堕地獄《だじごく》のもとになるのです。

正しい仏法は、余事《よじ》を混じえずに信仰しなければ、なんの功徳《くどく》もありません。

大聖人が、

「此《こ》の南無妙法蓮華経に余事《よじ》をまじへば、ゆゝしきひが《僻》事《ごと》なり」

（上野殿御返事・御書一二一九ページ）

と仰《おお》せのように、成仏の大利益《だいりやく》は、日蓮正宗の仏法に余事を混じえず、清浄な心をもって信じ行ずるとき、初めてもたらされるのです。

6　日蓮正宗では、なぜ神棚《かみだな》や神札《かみふだ》をはずさせるのか

あなたが神棚や神札をはずすことに抵抗《ていこう》を感じるのは、それらに神の力がこもっており、その力によって守られると考えていることによるのでしょうが、それはまったく逆《ぎゃく》なのです。

大聖人は、

「世皆正《よみなしょう》に背《そむ》き人悉《ことごと》く悪に帰《き》す。故《ゆえ》に善神《ぜんじん》国を捨《す》てゝ相去《あいさ》り、聖人所《しょうにんところ》を辞《じ》して還《かえ》らず。是《ここ》を以《もっ》て魔来《まき》たり鬼来《きき》たり、災起《さいお》こり難《なん》起こる」

（立正安国論・御書二三四ジペー）

と仰《おお》せです。

諸天善神《しょてんぜんじん》は、妙法を法味《ほうみ》として威力《いりょく》を増《ま》し、民衆《みんしゅう》を守護《しゅご》する力を増していくのです。

ところが、白法隠没《びゃくほうおんもつ》の末法《まっぽう》の世の中においては、正法《しょうぼう》を信仰する者が少なく、正法に背いている者が多いために、諸天善神は法味《ほうみ》に飢《う》えて、社《やしろ》を捨てて天上《てんじょう》にのぼってしまっているのです。

したがって現在の神社には、悪鬼《あっき》・魔神《まじん》が棲《す》みついて災難《さいなん》を引き起こすのです。

ですからあなたの家の神棚や神札にも悪鬼が棲みついていますので、拝《おが》まなくてもそれがあることによって、あなたの生命はもちろんのこと、生活にも悪影響《あくえいきょう》を及《およ》ぼし、ひいては先祖《せんぞ》をも苦しめることになるのです。

法華経には、

「若《も》し人《ひと》信《しん》ぜずして　此《こ》の経《きょう》を毀謗《きぼう》せば　則《すなわ》ち一切《いっさい》世間《せけん》の仏種《ぶっしゅ》を断《だん》ぜん（中略）其《そ》の人命終《みょうじゅう》して　阿鼻獄《あびごく》に入《い》らん」（譬喩品第三・法華経一七五㌻）

と説かれています。

末法においては「此の経」とは、法華経の文底《もんてい》に秘沈《ひちん》された三大秘法《さんだいひほう》の南無妙法蓮華経のことです。

したがって日蓮正宗以外の宗派《しゅうは》の本尊や神社の神札などの、信仰の対象《たいしょう》となるものはすべて正法に背《そむ》くものであり、人々を不幸に陥《おとしい》れる原因をなすものですから、神棚や神札は速《すみ》やかに捨《す》てることが肝要《かんよう》です。

7 もっとも正しい宗教とは何か

もっとも正しい宗教としての条件《じょうけん》は、

第一に、教主《きょうしゅ》が宇宙《うちゅう》の真理《しんり》と人間の生命の実相《じっそう》を完璧《かんぺき》に悟《さと》った方であること

第二に、教義《きょうぎ》が因果《いんが》の道理《どうり》に基《もと》づいたもので、それが経典《きょうてん》として誤《あやま》りなく表記《ひょうき》されていること

第三に、本尊《ほんぞん》が全人類《ぜんじんるい》にとって尊崇《そんすう》に値《あたい》するものであり、現実《げんじつ》に即《そく》したものであること

第四に、信仰修行の規範《きはん》が普遍的《ふへんてき》で社会的《しゃかいてき》、人道的通念《じんどうてきつうねん》に反しないものであること

第五に、信仰によって得《え》られる利益《りやく》が教説《きょうせつ》に適《かな》っており、表面的、一時的なものでなく、本質的《ほんしつてき》、永続的《えいぞくてき》な利益であることなどを挙《あ》げることができます。

第一の教主の悟りについていえば、数多い宗教のなかで、宇宙の実相と人間生命を深く観達《かんたつ》し、適確《てきかく》に説き尽《つ》くした教えは仏教に勝《まさ》るものはありません。キリスト教のイエスやイスラム教のマホメットなどは神の子とか神の使徒《しと》として絶対神《ぜったいしん》を説きましたが、彼らは神の啓示《けいじ》を受けたというだけで、過去《かこ》に何を修行し、いかなる道理によって何を悟ったのかはまったく不明です。その教義内容も生命の本質《ほんしつ》に立脚《りっきゃく》したものでなく、戒律《かいりつ》によって表面的な言動《げんどう》を規制《きせい》し、奇跡《きせき》と空想《くうそう》を説いているに過ぎません。

その点、仏教は教主釈尊《きょうしゅしゃくそん》の因行《いんぎょう》と果徳《かとく》を明らかに教示《きょうじ》し、五十年間の説法をとおして宇宙の真理《しんり》と人間生命の実相をあらゆる点から完璧《かんぺき》に説き尽くしています。釈尊が成仏《じょうぶつ》した根本の一法とは、久遠元初《くおんがんじょ》というこの世の最初の時代に、我が身がそのまま大法界の真理の当体《とうたい》なりと悟られた自受用報身《じじゅゆうほうしん》という仏様の教えであり、この久遠元初の仏様が末法《まっぽう》に日蓮大聖人として出現されたのです。

第二の教義の正当性《せいとうせい》と経典については、釈尊の説いた仏典《ぶってん》は数多く現存《げんぞん》し、その内容もすべて道理に適《かな》ったものですが、その究極《きゅうきょく》が法華経です。この法華経の予《よ》言《げん》どおりに末法の御本仏《ごほんぶつ》として日蓮大聖人が出現され、一切衆生《いっさいしゅじょう》を救うために命《いのち》に及ぶ迫害《はくがい》のなかで南無妙法蓮華経の七字を説きました。この南無妙法蓮華経は諸仏《しょぶつ》成道《じょうどう》の根本原因の仏法であり、教義の面からも、功徳《くどく》の面からも釈尊の法華経より、はるかに勝《すぐ》れたものです。大聖人はこの大仏法を広く人々に説き示すために厖《ぼう》大《だい》な量の御書《ごしょ》を書き遺《のこ》されています。

第三の本尊については、本尊とは〝根本として尊崇《そんすう》すべきもの〟の意味で、少なくとも人間としてだれもが尊敬《そんけい》するに値《あたい》するものでなければなりません。世の宗教のなかには、キツネ（稲荷《いなり》）、ヘビ（竜神《りゅうじん》）、ワニ（金毘羅《こんぴら》）などの畜生《ちくしょう》を拝《おが》むものや、先祖供養《せんぞくよう》に名を借《か》りて亡者《もうじゃ》の霊《れい》を本尊とするもの、仏としての悟りを得ていない菩薩《ぼさつ》や天上《てんじょう》の神などを本尊とするものなどがありますが、これらは最上至尊《さいじょうしそん》の本尊ではないのです。また、いかに立派《りっぱ》な神や仏を立てても、それが架空《かくう》のものであったり、空想上《くうそうじょう》のものであっては、貴重《きちょう》な人生を託《たく》する本尊としては極めて頼《たよ》りなく、危険《きけん》なことというべきです。久遠元初の仏である日蓮大聖人が、

「日蓮がたましひ《魂》をすみ《墨》にそめながしてかきて候《そうろう》ぞ、信じさせ給《たま》へ」

（経王殿御返事・御書六八五㌻）

と仰《おお》せられて、御身《おんみ》に具《そな》わる一切《いっさい》の悟りと大功徳《だいくどく》の力をそのまま図顕《ずけん》された本門戒《ほんもんかい》壇《だん》の大御本尊こそ、もっとも尊《とうと》く勝《すぐ》れた御本尊なのです。

第四の信仰修行についていえば、宗教のなかには修行として、山にこもったり、断食《だんじき》をするもの、神札《かみふだ》や守《まも》り札《ふだ》を貼《は》っておけば修行は一切必要ないというものなど

様々です。また戒律宗教などの教えを現実生活のなかで堅持《けんじ》しようとすると、様々な支障《ししょう》をきたしたり、非常識《ひじょうしき》な行為《こうい》になることもあります。日蓮正宗の信仰は教条的《きょうじょうてき》に現実生活上の行動《こうどう》を規制するものではなく、日常生活のなかで日々、御本尊を信じて礼拝《らいはい》し唱題《しょうだい》することが基本《きほん》であり、だれでも支障なく信行に励《はげ》むことができるのです。

第五の信仰による利益《りやく》については、大聖人が、

「道理証文よりも現証にはすぎず」（三三蔵祈雨事・御書八七四ジペー）

と仰せられるように、現証は宗教を判定《はんてい》する上でもっとも大切なことです。

さらに大聖人は、

「南無妙法蓮華経と申す人をば大梵天《だいぼんてん》・帝釈《たいしゃく》・日月《にちがつ》・四天等《してんとう》昼夜《ちゅうや》に守護《しゅご》すべし」

（諫暁八幡抄・御書一五四三ジペー）

とも、

「南無妙法蓮華経の七字のみこそ仏になる種《たね》には候へ」
（九郎太郎殿御返事・御書一二九三ジペー）

とも仰せられています。すなわち、日蓮正宗の御本尊を信じて南無妙法蓮華経と唱える人は、諸天善神《しょてんぜんじん》に守護され、未来永劫《みらいえいごう》にくずれることのない仏の境界《きょうがい》を築《きず》くことができるのです。

現在、日本国内のみならず全世界において、本宗信徒が歓喜《かんき》に満《み》ちて仏道修行《ぶつどうしゅぎょう》に邁進《まいしん》しています。

8 なぜ日蓮正宗だけが正しいといえるのか

「正とは一に止《とど》まる」という言葉《ことば》がありますが、正しい教法が二つも三つもあるわけがありません。これについて、釈尊は、

「十方仏土《じっぽうぶつど》の中には　唯一乗《ただいちじょう》の法のみ有り」（方便品第二・法華経一一〇ジペー）

と説き、日蓮大聖人は、

「今、末法《まっぽう》に入《い》りぬれば余経《よきょう》も法華経もせん《詮》なし。但《ただ》南無妙法蓮華経なるべし」（上野殿御返事・御書一二一九ジペー）

と仰《おお》せられています。

日蓮正宗がもっとも正しい宗旨《しゅうし》である理由は、法華経の予証《よしょう》どおり末法に出現さ

れた御本仏《ごほんぶつ》日蓮大聖人の教えを、七百五十年間にわたって現在まで清浄に誤《あやま》りなく受けついできた唯一《ゆいいつ》の教団《きょうだん》であるから、といえましょう。

鎌倉時代に出現《しゅつげん》された日蓮大聖人は、末法万年にわたって人々を苦悩《くのう》の闇《やみ》から救済《きゅうさい》するために、数々《かずかず》の大難《だいなん》に遭《あ》いながら、南無妙法蓮華経を説き顕《あらわ》されました。そして南無妙法蓮華経の法体《ほったい》として一閻浮提総与《いちえんぶだいそうよ》（全世界のすべての人々に与えるという意味）の大漫荼羅御本尊《だいまんだらごほんぞん》を図顕建立《ずけんこんりゅう》されたのです。この御本尊は日蓮大聖人の当体《とうたい》でもあり、久遠元初《くおんがんじょ》の自受用身《じじゅゆうしん》という宇宙法界《うちゅうほうかい》の根本真理《こんぽんしんり》の当体でもあります。

大聖人は、

「抑《そもそも》当世の人々何《いず》れの宗々にか本門《ほんもん》の本尊《ほんぞん》・戒壇等《かいだんとう》を弘通《ぐづう》せる。仏滅後《ぶつめつご》二千二百二十余年に一人も候《そうら》はず」（教行証御書・御書一一一〇㌻）

と、大聖人ただ一人、末法の仏として出現され、三大秘法《さんだいひほう》の大法を広めることを明かされています。

三大秘法とは本門の本尊・本門の戒壇・本門の題目をいいますが、本門の題目とは大聖人が建立された一閻浮提総与の大御本尊に向かって唱える題目のことであり、本門の戒壇とはこの大御本尊が安置《あんち》され、しかも一切の人々が修行する場所をいいます。

したがって三大秘法のなかには「本門の本尊」が中心であり、本門の本尊なくしては戒壇も題目も存在《そんざい》しないのです。このゆえに本門の本尊を「三大秘法総在《そうざい》の御本尊」とも尊称《そんしょう》します。

日蓮大聖人は入滅《にゅうめつ》に先立《さきだ》って、門弟《もんてい》のなかから日興上人《にっこうしょうにん》を選《えら》んで、本門戒壇の大御本尊をはじめとする法門《ほうもん》のすべてを相承《そうじょう》し付嘱《ふぞく》されました。

大聖人の精神《せいしん》と法義《ほうぎ》を固《かた》く守られた日興上人は、時あたかも地頭《じとう》の不法《ふほう》によって謗法《ほうぼう》の地になりつつあった身延《みのぶ》の地を去る決意《けつい》をされ、大聖人が生前《せいぜん》より、

「霊山浄土《りょうぜんじょうど》に似《に》たらん最勝《さいしょう》の地を尋《たず》ねて戒壇を建立すべき者か。時を待《ま》つべきのみ」（三大秘法抄・御書一五九五ジペー）

「国主此《こくしゅこ》の法を立てらるれば、富士山に本門寺《ほんもんじ》の戒壇を建立せらるべきなり」

（日蓮一期弘法付嘱書・御書一六七五ジペー）

と遺命《ゆいめい》されていたとおり、日本第一の名山《めいざん》・富士山の麓《ふもと》に一切の重宝《じゅうほう》を捧持《ほうじ》して弟子たちと共《とも》に移られ、そこに大石寺《たいせきじ》を建立されたのです。

そののち、大聖人の仏法は第三祖日目上人《にちもくしょうにん》、第四世日道上人《にちどう》と、一器《いっき》の水を一器に移すように代々の法主上人《ほっすしょうにん》によって受けつがれ厳護《げんご》されて、現在、御当代《ごとうだい》上人に正しく伝えられているのです。この間《かん》の宗門史《しゅうもんし》は、また正法厳護のための尊《とうと》い苦難の歴史でもありました。

今、私たちが総本山大石寺に参詣《さんけい》し、一閻浮提総与の大御本尊を拝《はい》するとき、

「須弥山《しゅみせん》に近づく鳥は金色《こんじき》となる」（本尊供養御書・御書一〇五四ジペー）

の金言《きんげん》どおり、私たちの生命の奥底《おうてい》は仏の威光《いこう》に照らされて金色に輝《かがや》き、即身成仏《そくしんじょうぶつ》の姿になっているのです。

現在、国の内外《ないがい》を問《と》わず、大御本尊の広大《こうだい》な功徳によって苦悩を希望《きぼう》に転じ、福徳《ふくとく》に満《み》ちて信心に励《はげ》む多くの人々の姿が、日蓮正宗の正しさを物語《ものがた》っているといえましょう。

9　日蓮正宗がそんなによい宗旨《しゅうし》なら、なぜ社会の人から広く受け入れられないのか

質問の内容は色々な意味に解釈《かいしゃく》できます。具体的《ぐたいてき》にいえば、「そんなによい宗旨なら」、

①　もっと昔から広まっていたはずだ
②　もっと大勢《おおぜい》の人が信仰《しんこう》するはずだ
③　もっと学識者《がくしきしゃ》や著名人《ちょめいじん》に受け入れられるはずだ
④　もっと短期間に広まるはずだ

などの意味を含《ふく》んでいるように思われます。

今、これらの疑問に対して、まとめて説明しましょう。

釈尊は法華経に、

「此《こ》の法華経《ほけきょう》、最《もっと》も為《こ》れ難信難解《なんしんなんげ》なり」（法師品第十・法華経三二五ページ）

と説き、法華経は随自意《ずいじい》といって衆生《しゅじょう》の機根《きこん》にかかわりなく、仏が悟《さと》った法をそのまま説かれたもので、教義《きょうぎ》が深遠なために難信難解であり、さらに正法を信ずるときは必ず大難《だいなん》や障害《しょうがい》が起《お》こるために難信難解なのであると仰《おお》せられています。

特に末法《まっぽう》は衆生の機根も邪悪《じゃあく》な時代であり、出現《しゅつげん》される仏も弘通《ぐづう》される教法《きょうぼう》もより鮮明《せんめい》に破邪顕正《はじゃけんしょう》を旨《むね》とするものであるから、迫害《はくがい》や誹謗《ひぼう》は身命《しんみょう》に及《およ》ぶものとなり、弘教《ぐきょう》は困難《こんなん》を極めるであろうと、釈尊は予言《よげん》されました。

釈尊の予言どおり、末法の御本仏《ごほんぶつ》日蓮大聖人の生涯《しょうがい》は、立正安国《りっしょうあんこく》と衆生済度《しゅじょうさいど》の大慈悲《だいじひ》に貫《つらぬ》かれ、同時にまた邪悪な大難障魔《だいなんしょうま》との闘《たたか》いの連続《れんぞく》でもありました。

日蓮正宗は日蓮大聖人の教えのままに、法の正邪を峻別《しゅんべつ》する折伏《しゃくぶく》の宗旨《しゅうし》であり、個々《ここ》の人間に活力《かつりょく》を与《あた》え、現実生活の向上《こうじょう》を説く宗教であるため、封建主義《ほうけんしゅぎ》の時代には、民衆《みんしゅう》を抑圧《よくあつ》して体制維持《たいせいいじ》を計《はか》る為政者《いせいしゃ》から弾圧《だんあつ》されたのです。

したがって日蓮正宗の本格的《ほんかくてき》な布教《ふきょう》は、信教の自由、布教の自由が認められたのちといっても過言《かごん》ではありません。

折伏弘教が進むにつれて、その反動《はんどう》としての中傷《ちゅうしょう》や妨害《ぼうがい》も様々に起《お》こりました。なかには、せっかく日蓮正宗の話を聞いても、悪質《あくしつ》なデマに惑《まど》わされたり、世間《せけん》の目を気にして入信できなかった人も多くいたのです。

現在でも、正邪をはっきりさせることに抵抗《ていこう》を感じる人や、信仰するよりは遊んでいたほうが楽しいという人、朝夕の勤行《ごんぎょう》と聞いて尻《しり》ごみする人など、入信できない人も大勢《おおぜい》いるようです。

そのようななかで、人生を真摯《しんし》に考え、先祖《せんぞ》からの宗教を改《あらた》めて日蓮正宗に帰依《きえ》することは実に勇気《ゆうき》のいることであり、至難《しなん》の業《わざ》なのです。それにもかかわらず、日蓮正宗の信徒は、現在、日本国内のみならず全世界で広く活躍《かつやく》しています。

様々な障害《しょうがい》があるなかで、このように発展《はってん》したのは、本宗僧俗《そうぞく》の折伏弘教の努力によることはいうまでもありませんが、何よりも日蓮正宗の仏法が正統《せいとう》であり、御本尊に偉大《いだい》な功徳力《くどくりき》が厳然《げんぜん》とましますからにほかなりません。

世間《せけん》には学識者や有力者《ゆうりょくしゃ》、著名人《ちょめいじん》といわれる人がおりますが、このなかには日蓮正宗の信仰をしている人もいれば、宗教にまったく無知《むち》な人、世評《せひょう》や保身《ほしん》を気にして信仰できない人など様々です。ですから学識者や著名人が信仰する、しないによって宗教の必要性や正邪を判断《はんだん》することは、あまり意味のないことです。

また〝なぜ短期間に広まらないのか〟という点ですが、日蓮大聖人の仏法に大利《だいり》益《やく》があるからといって、一年や二年で願いごとがすべてかなうというわけにはいきません。

なぜなら私たちには過去世《かこせ》からの種々の宿業《しゅくごう》があり、花も時が来なければ咲かないように、信仰の功徳が開花《かいか》する時期は人によって異《こと》なるのです。また賢明《けんめい》な親は子供の欲《ほ》しがる物をいいなりに買い与えないのと同じように、目先《めさき》の願望《がんぼう》をかなえるだけが仏様の慈悲《じひ》ではありません。いかなる時でも、正法を堅持《けんじ》し生命力を発揮《はっき》して人生を悠々《ゆうゆう》と歩《あゆ》む人間になっていくところに、正法の真実の利益があるのです。

したがって信仰の利益は、他人の目から見て容易《ようい》に判断できるものではありません。しかし信仰によって御本尊の功徳を実感《じっかん》し、体験《たいけん》した人々の喜びと確信《かくしん》が、現在、多くの人々を正法に導《みちび》き、真実の幸福への人生を歩ませているのです。難信難解の正法を語り、その功徳のすばらしさを伝えていくためには、着実《ちゃくじつ》な努力と時間の積み重ねが必要なことはいうまでもありません。

あなたが、もし本当に〝日蓮正宗は社会に広く受け入れられていない〟と思い込んでいるならば、それは無認識《むにんしき》による誤解《ごかい》であり、さもなければ偏見《へんけん》というべきです。

また〝もっと大勢《おおぜい》の人が信仰しなければ、自分は信仰する気にならない〟という意《い》図《と》で冒頭《ぼうとう》の質問をされるならば、それはあたかも〝もう少し大勢の人が法律《ほうりつ》を守らなければ、自分も法律を守る気がしない〟ということと同じで、良識《りょうしき》ある人のいうことではありません。

他人がどうあろうと、周囲《しゅうい》にどう評価《ひょうか》されようと、正しい道を知ったならば、確信を持って自ら邁進《まいしん》する人こそ、真に勇気ある人であり、聡明《そうめい》な人というべきでしょう。

10 日蓮正宗の信仰をすると、どのような利益《りやく》があるのか

法華経に、

「如来《にょらい》の知見《ちけん》は、広大深遠《こうだいじんのん》なり」（方便品第二・法華経八九ジペー）

と説かれているように、仏の知見と功徳《くどく》のすべてを書き記《しる》すことはとうてい不可能《ふかのう》なことですが、経文と御書のなかから主《おも》な教示《きょうじ》を挙《あ》げてみましょう。

まず、分別功徳品《ふんべつくどくほん》には、

「釈尊の滅後《めつご》にこの経（法華経すなわち南無妙法蓮華経）をよく行《ぎょう》ずる者は、

① 本尊を安置《あんち》する塔寺《とうじ》を建立《こんりゅう》する

② 僧坊《そうぼう》などの修行者の道場《どうじょう》を建立寄進《きしん》する境遇《きょうぐう》になる

③正法《しょうぼう》を修行する人に対して深く敬《うやま》い供養《くよう》する
④仏法を正しく理解《りかい》して他の人に法を説くことができる
⑤行動や言葉《ことば》が正しく清らかになる
⑥正法の善友《ぜんゆう》にめぐまれる
⑦忍耐《にんたい》の心が強くなり、瞋《いか》りがなくなる
⑧意志《いし》や信念《しんねん》が固くなり、周囲《しゅうい》の悪法《あくほう》に紛動《ふんどう》されなくなる
⑨心が落ち着き、考えが深くなる
⑩何物《なにもの》にも恐《おそ》れず、善行《ぜんぎょう》をたゆまず積み重ねる
⑪多くの善《よ》い教えや知識《ちしき》を正しく活《い》かすことができる
⑫感覚《かんかく》が鋭利《えいり》となり、頭脳《ずのう》は明晰《めいせき》になり、智慧《ちえ》は深くなる
⑬難問《なんもん》を解決《かいけつ》する力が具《そな》わる」（法華経四五九ジペー取意）
と説かれています。

また随喜功徳品《ずいきくどくほん》には、
「正法を聞く功徳について、
①正法を説く寺院に詣《もう》で、あるいは座《すわ》り、あるいは立って、この経をわずかな間《あいだ》でも聴聞《ちょうもん》する功徳は、来生《らいしょう》には最上《さいじょう》の宝車《ほうしゃ》を得《え》て天人《てんにん》の宮殿《きゅうでん》に生まれる
②正法を講《こう》ずるところに行き、座して聞き、他人に勧めて正法を聴聞せしめ、また座を分《わ》かち与《あた》える功徳は、来生は仏法守護《しゅご》の統領《とうりょう》である帝釈天《たいしゃくてん》の座に、また娑婆《しゃば》世界の主《しゅ》である大梵天の座に生まれる。あるいは人間世界の最高統《とう》治者《ちしゃ》である転輪聖王《てんりんじょうおう》の座に生まれる
③他人に勧《すす》めて共《とも》に法華経を聞く功徳は、来生は聡明《そうめい》で智慧が深く、健康《けんこう》な身《しん》心《しん》と整《ととの》った美しい容姿《ようし》をもって生まれ、世々《せせ》に仏に値《あ》い福徳《ふくとく》を増すようになる」（法華経四六八ジペー取意）
と説かれています。

また日蓮大聖人は『経王殿御返事《きょうおうどのごへんじ》』に、

「この御本尊を信ずる者は、

① 病魔《びょうま》や障害《しょうがい》に犯《おか》されない

② 諸天善神《しょてんぜんじん》に守護される

③ 福徳が増して幸福になる

④ どんな場合でも恐《おそ》れることがなくなる

⑤ 自由自在の境遇になる」（御書六八五ジペー取意）

と説かれ、『当体義抄《とうたいぎしょう》』には、

「正直《しょうじき》な心で南無妙法蓮華経と唱える人は、

① 不幸《ふこう》の根源《こんげん》である悪心《あくしん》（煩悩《ぼんのう》）が、正しい判断力《はんだんりょく》を具《そな》えた、仏のような智慧（般若《はんにゃ》）に転《てん》ずる

② 悪い行為《こうい》（業《ごう》）は、希望《きぼう》に満ちた自在《じざい》の境界《きょうがい》（解脱《げだつ》）に転ずる

③　苦しみや悩《なや》み（苦）は、そのまま仏のような清浄な生命（法身《ほっしん》）に転ずる」
（御書六九四ジペー取意）

と仰《おお》せられています。

総本山大石寺第二十六世日寛上人《にちかんしょうにん》も、

「此《こ》の本尊の功徳、無量無辺《むりょうむへん》にして広大深遠《こうだいじんのん》の妙用《みょうゆう》有り。故《ゆえ》に暫《しばら》くも此の本尊を信じて南無妙法蓮華経と唱うれば、則《すなわ》ち祈《いの》りとして叶《かな》わざる無く、罪《つみ》として滅《めっ》せざる無く、福として来《き》たらざる無く、理《り》として顕《あら》われざる無きなり」

（観心本尊抄文段・御書文段一八九ジペー）

と教えられています。

大御本尊の功徳は、即身成仏《そくしんじょうぶつ》の境界《きょうがい》に極《きわ》まるのですが、そのためには、自《みずか》ら信心を奮《ふる》い起《お》こし、正しい指導《しどう》のもとに修行しなければならないのです。

11　日蓮正宗の信仰には、なぜ利益《りやく》があるのか

天台大師《てんだいだいし》は、利益と功徳《くどく》について、

「厳密《げんみつ》にいえば、功徳とは自《みずか》ら積《つ》むものであり、利益とは他から与《あた》えられるものという違《ちが》いはあるが、仏道修行《ぶつどうしゅぎょう》による得益《とくやく》の相《すがた》からいえば、その意義は同一である」（玄義会本下一三四ジペー取意）

といわれています。したがって、普通は利益のことを功徳といってもさしつかえありません。

妙楽大師《みょうらくだいし》の『弘決《ぐけつ》』に、

「縦使《たとい》、発心真実《ほっしんしんじつ》ならざる者も、正境《しょうきょう》に縁《えん》すれば功徳猶《なお》多し」

（止観会本上一七五ページ）

といわれるように、日蓮大聖人が顕《あらわ》された一閻浮提総与《いちえんぶだいそうよ》の大御本尊《だいごほんぞん》には、仏様が一切衆生《いっさいしゅじょう》を救《すく》う仏力《ぶつりき》と、あらゆる災《わざわ》いを除《のぞ》いて人々を幸福に導《みちび》く法力《ほうりき》が厳然《げんぜん》と納《おさ》められておりますので、これに縁《えん》する者は大きな功徳を積むことができるのです。

御本尊を拝《はい》しますと左の御《おん》方に「有供養者福過十号《うくようしゃふくかじゅうごう》」としたためられています。

十号《じゅうごう》とは、仏様の尊称《そんしょう》で、如来《にょらい》・応供《おうぐ》・正偏知《しょうへんち》・明行足《みょうぎょうそく》・善逝《ぜんぜい》・世間解《せけんげ》・無上士《むじょうし》・調御丈夫《じょうごじょうぶ》・天人師《てんにんし》・仏世尊《ぶっせそん》のことですが、これについて大聖人は、

「末代《まつだい》の法華経の行者を讃《ほ》め供養《くよう》せん功徳は、彼《か》の三業相応《さんごうそうおう》の信心にて、一劫《いっこう》が間《あいだ》生身《しょうじん》の仏を供養し奉るには、百千万億倍《ひゃくせんまんのくばい》すぐべしと説き給ひて候《そうろう》。これを妙楽大師《みょうらくだいし》は福過十号《ふくかじゅうごう》とは書《か》かれて候なり」（法蓮抄・御書八一三ページ）

と仰《おお》せられ、法華経の行者・日蓮大聖人の当体《とうたい》である御本尊を信仰し供養する者の功徳は、仏典《ぶってん》に説き示されている生身の仏を長い間供養するよりも百千万億倍勝《すぐ》れ、

その無量の智慧《ちえ》と福徳《ふくとく》は仏の十号にも勝《まさ》ると説かれています。

したがって仏力《ぶつりき》・法力《ほうりき》の功徳は、他から安易《あんい》に与《あた》えられるものではなく、御本尊に対する信力《しんりき》・行力《ぎょうりき》を磨《みが》くことによって、初めて積むことができるのです。

普通〝御利益〟というと、お金が儲《もう》かったり、病気が治《なお》ったり、願いごとがかなうなどの目前《めさき》の現証《げんしょう》だけを考えがちです。このような今世《こんぜ》の利益も大事ではありますが、仏様は、すべての生命は今世だけのものではなく、過去《かこ》・現在《げんざい》・未来《みらい》の三世《さんぜ》にわたって永遠不滅《えいえんふめつ》なるがゆえに過去世《かこせ》の罪障《ざいしょう》を消滅《しょうめつ》し、今世のみならず未来永劫《みらいえいごう》にわたって清浄な幸福境界《きょうがい》を確立《かくりつ》することが真実の利益であると教えられています。

日蓮大聖人は功徳について、

「功徳とは六根清浄《ろっこんしょうじょう》の果報《かほう》なり（中略）悪《あく》を滅《めっ》するを功《く》と云《い》ひ、善《ぜん》を生《しょう》ずるを徳《とく》と云ふなり。功徳《おおきなるさいわい》とは即身成仏《そくしんじょうぶつ》なり」（御義口伝・御書一七七五㌻）

と仰せです。六根とは、眼根《げんこん》・耳根《にこん》・鼻根《びこん》・舌根《ぜっこん》・身根《しんこん》・意根《いこん》の、生命の識別作用《しきべつさよう》の器官《きかん》をいい、それが清浄になるとは、六根に具《そな》わる煩悩《ぼんのう》のけがれが払《はら》い落とされて清らかになり、ものごとを正しく判断《はんだん》できる英知《えいち》が生まれることなのです。

したがって正しい御本尊を信ずるとき、煩悩はそのまま仏果《ぶっか》を証得《しょうとく》する智慧となり、生命に内在《ないざい》する仏性《ぶっしょう》はいきいきと発動《はつどう》し、迷いの人生は希望に満《み》ちた楽しい人生に転換《てんかん》されていくのです。

これを即身成仏の境界というのです。

正しい信仰を知らない人は、この六根が無明《むみょう》の煩悩におおわれて、人生に対する判断に迷い、取り返しのつかない過《あやま》ちを犯《おか》すことが多いのです。

このように日蓮正宗の信仰は、人間の生命を根本から浄化《じょうか》し、英知《えいち》と福徳を具えた幸福な人生を築《きず》くものですが、その利益は個々《ここ》の人間にとどまるものではありません。

大聖人は依正不二《えしょうふに》という法門《ほうもん》を説かれています。依《え》とは、私たちが生活するこの国土・環境をいい、正《しょう》とは、私たち人間のことです。この法門は、人間の思想や行動がそのまま非情《ひじょう》の国土世界《こくどせかい》に反映《はんえい》するという〝不二〟の関係にあることを明かしたものであり、国土の災害《さいがい》や戦乱《せんらん》・飢餓《きが》を根本的《こんぽんてき》に解決し、悠久《ゆうきゅう》の平和社会を実現《じつげん》するためには、正報《しょうほう》である人間が清浄な福徳に満ちた生命に転換しなければならないことを示したものです。

私たちが三世《さんぜ》にわたって即身成仏の境界を築き、しかも国土を平和社会に変える方途《ほうと》は、日蓮正宗総本山大石寺に厳護《げんご》される本門戒壇《ほんもんかいだん》の大御本尊を純真《じゅんしん》に拝し、弘宣《ぐせん》していく以外にはないのです。

凡　例

一、本書は日蓮正宗布教叢書3『正しい宗教と信仰』から、第六節「正しい宗教とは何か」を抄録したものである。

一、本文中に引用した書名の略称は次のとおりである。

御　　書――平成新編日蓮大聖人御書（大石寺版）
法 華 経――新編妙法蓮華経並開結（大石寺版）
御書文段――日寛上人御書文段（大石寺版）
玄義会本――訓読法華玄義釈籤会本（富士学林版）
止観会本――訓読摩訶止観輔行伝弘決会本（富士学林版）

《日蓮正宗布教叢書三―⑥》

正しい宗教と信仰　分冊版⑥

日蓮正宗の信仰はなぜ利益があるのか

平成二十七年八月十五日　初版第一刷発行
令　和　四　年六月十五日　初版第四刷発行

監　修　日蓮正宗宗務院　教　学　部
編　者　日 蓮 正 宗 布 教 研 修 会
発　行　株式会社　大 日 蓮 出 版
静岡県富士宮市上条五四六番地の一
印　刷　株式会社　きうちいんさつ

©Dainichiren Publishing co.,Ltd 2015

ISBN 978-4-905522-40-9